NOS CONGRÈS

PAR

L. DEHON

Supérieur des Prêtres du Sacré-Cœur de Jésus.

PARIS

MAISON DE LA BONNE PRESSE

8, RUE FRANÇOIS 1ᵉʳ, 8

NOS CONGRÈS

NOS CONGRÈS

PAR

L. DEHON

Supérieur des Prêtres du Sacré-Cœur de Jésus.

PARIS

MAISON DE LA BONNE PRESSE

8, RUE FRANÇOIS Iᵉʳ, 8

LETTRE DE S. E. LE CARDINAL RAMPOLLA A L'AUTEUR

REVERENDISSIMO PADRE,

Giunse regolarmente nelle venerate mani del Santo Padre il lavoro di V. P. sopra i congressi cattolici unitamente all' ossequiosa lettera che lo accompagnava. Sua Santità accolse l'omaggio con expressioni di particolare gradimento, encomiando il felice pensiero che ha avuto la P. V. di porre in rilievo con tale publicazione l'utilità di dette adunanze, e di diffondere in pari tempo gli insegnamenti della stessa santita sua. Essa quindi ne la ringrazia per mio mezzo, e le invio con effusione di paterno affetto la implorata benedizione.

Eseguito con ciò il venerato incarico di Sua Santità, godo confermarmi con sensi di distinta stima.

Di V. P.

Affmo nel Signore,

M. Card. RAMPOLLA.

Roma, 11 Marzo 1897.

Rmo P. Dehon, superiore
dei Preti del S. Cuore di Gesù.

TRÈS RÉVÉREND PÈRE,

Le travail de Votre Paternité sur les Congrès catholiques a été remis exactement entre les mains vénérables du Saint-Père en même temps que la lettre d'hommage qui l'accompagnait. Sa Sainteté a accueilli cet hommage avec l'expression d'une joie particulière, en louant l'heureuse pensée qu'à eue Votre Paternité de mettre en relief par cette publication l'utilité de ces réunions et de propager en même temps les enseignements du Saint-Siège. C'est pourquoi Elle Vous remercie par mon entremise et Vous envoie avec l'effusion d'une paternelle affection la bénédiction demandée.

Ayant rempli l'ordre vénéré de Sa Sainteté, je suis heureux de m'affirmer de nouveau avec des sentiments d'estime distinguée,

De Votre Paternité,

Le très affectionné dans le Seigneur,

M. Card. RAMPOLLA.

Rome, 11 mars 1897.

Au T. R. P. Dehon, supérieur
des Prêtres du Sacré-Cœur de Jésus.

NOS CONGRÈS

Unum in locum sæpe convenire videmus viros egregios, quo communicent consilia invicem, viresque jungant, et quid maxime expedire videatur consultent.

Des hommes de bien se réunissent fréquemment en Congrès pour se communiquer leurs vues, unir leurs forces, arrêter des programmes d'action.

Encycl. *Rerum novarum.*

Des Congrès catholiques très nombreux se sont tenus en France pendant l'année qui vient de finir. La plupart avaient choisi Reims pour lieu de réunion, et la circonstance spéciale du Centenaire a contribué à leur succès. Quelques-uns ont eu, par leur nombreuse assistance, par l'importance des matières qu'on y a traitées, par l'éloquence des orateurs qu'on y a entendus, un éclat particulier.

Ce mouvement un peu exceptionnel des catholiques, d'ordinaire si calmes, — je devrais dire trop calmes, — n'a pas laissé que d'attirer l'attention générale. Il y a eu même un peu d'émoi.

Le monde officiel en a été passablement troublé et s'est demandé à plusieurs reprises s'il ne s'opposerait pas à cette agitation insolite. On a passé en revue toutes les flèches du carquois des lois existantes, mais aucune, paraît-il, ne pouvait porter de ce côté-là.

Les ennemis du nom chrétien, les libres-penseurs et les socialistes ont eu plus que du trouble : ils se sont fâchés tout rouge, et même, on peut le dire carrément, ils ont pris peur. Ils ont crié au péril clérical, ils ont interpellé à la Chambre. Mais les Congrès ont continué leur chemin.

Certains catholiques même se sont arrêtés à quelques légères inquiétudes; on pourrait dire à quelques points d'interrogation :

« Tous ces Congrès, où nous conduiront-ils? Ont-ils vraiment quelque efficacité? Leur doctrine est-elle assez sûre? leur direction assez ferme? leurs résolutions toujours sages? »

Dès lors que nos Congrès sont mis quelque peu en discussion, même parmi nous, il est tout naturel qu'un ami de ces Congrès vienne les justifier et dissiper ce nuage; c'est ce que nous voulons essayer de faire.

I. — LE FAIT

Nous avons donc eu cette année, comme les années précédentes, et même un peu plus, des Congrès fort nombreux. Citons-les de mémoire; nous en omettrons sûrement quelques-uns, cela ne porte pas à conséquence.

Union des œuvres catholiques ouvrières;

Cercles catholiques d'ouvriers;

Alliance des maisons d'éducation chrétienne;

Société bibliographique;

Jurisconsultes chrétiens;

Propriétaires chrétiens;

Pèlerinage des prêtres à Reims;

Cercles ouvriers d'études sociales;

Œuvres de jeunesse;

Presse catholique;

Le journal *La Croix*.

Tiers-Ordre franciscain;

Congrès national;

Démocratie chrétienne.

Ce dernier comprenait à lui seul une série de Congrès qui se sont tenus successivement à Lyon : les Congrès anti-maçonnique et anti-sémitique, le Congrès social, celui de l'Union nationale et celui de la Presse.

A ces Congrès nationaux, il faudrait ajouter bon nombre de Congrès provinciaux et diocésains, provoqués spécialement par *La Croix* ou par l'Œuvre des Cercles.

Y a-t-il là beaucoup de Congrès nouveaux? Non. Sauf les deux derniers, le Congrès national et celui de la Démocratie chrétienne, tous les autres se tiennent tous les ans.

Pourquoi donc y a-t-il eu un certain émoi cette année? Je le répète, c'est parce que nos Congrès de cette année, s'étant tenu presque tous à Reims, ont formé un ensemble saisissant. C'est encore parce que celui de Lyon, dans le désir de répondre à une pensée de Léon XIII, qui avait exhorté « tous les fils de la patrie française à s'unir dans la justice, dans le respect mutuel et dans la charité chrétienne comme les enfants d'un même père, et à s'allier pour lutter ensemble contre les périls qui la menacent », avait élargi ses cadres jusqu'à englober certaines personnalités retentissantes qu'on n'est pas habitué à rencontrer dans nos Congrès.

II. — UTILITÉ DE NOS CONGRÈS : LEUR NÉCESSITÉ RELATIVE

Nos Congrès, dans leur ensemble, ne sont pas seulement utiles, ils sont nécessaires. Léon XIII lui-même va nous le dire.

Il s'agit, bien entendu, d'une nécessité relative et qui est due aux circonstances où nous sommes, aux périls qui nous menacent, à l'activité de nos ennemis, à l'évolution sociale et économique dans laquelle les peuples se trouvent engagés.

Cent fois le Saint Père a loué et encouragé les Congrès. On ferait un volume avec les dépêches et lettres qu'il a envoyées, depuis quelques années, à tous les Congrès qui se sont tenus en France et ailleurs, affirmant toujours « qu'il » en attendait un grand profit pour les saintes causes de » la religion et de la société. »

Tout le monde a lu ses lettres si belles et si laudatives à M. Decurtins après le Congrès ouvrier de Bienne; à M. de Mun après le Congrès de Saint-Etienne; au P. Jules après le Congrès franciscain de Paray; au cardinal Parocchi après le Congrès de Rome.

Mais c'est surtout dans une lettre aux évêques d'Autriche du 3 mars 1891 qu'il a le plus catégoriquement affirmé la nécessité des Congrès. Après avoir loué les réunions des évêques, il ajoutait : « L'exemple des évêques a encouragé » les laïques, même d'autres nations, à se concerter et à » s'entendre sur les moyens à prendre pour la défense de » la religion et de l'ordre civil menacés. L'exemple et les » exhortations des évêques ont puissamment excité l'ardeur » et l'activité des catholiques pour la tenue de Congrès » *nationaux, provinciaux* ou *locaux;* ce qui a été profon- » dément sage (*idque sane quam providenter factum*). Si, en » effet, des hommes pervers, puissants par l'audace et par » le nombre, se réunissent çà et là et conspirent pour leur » ravir perfidement le plus précieux de tous les dons : la » foi et les biens qui en découlent, il est tout à fait juste et » nécessaire (*rectum omnino est et necessarium*) que les » catholiques, sous la direction des évêques, associent leurs » efforts et leurs forces pour résister. Or, par la fréquence de

» tels Congrès (*in talium cœtuum frequentia*), ils pourront
» avec plus de liberté et de force maintenir la profession
» de leur religion, repousser les assauts de l'ennemi. »

Non seulement le Saint Père affirme la nécessité des Congrès, mais il en donne les raisons. « Il faut, dit-il, que » les catholiques se concertent et s'entendent pour la » défense de la religion et de l'ordre civil menacés. En face » des réunions incessantes et des conspirations de tous les » ennemis de la foi, les catholiques, par les Congrès, pour- » ront associer plus efficacement leurs efforts pour repousser » les assauts de ces ennemis. »

Se concerter, s'entendre, s'organiser, telles sont les nécessités qui s'imposent aux catholiques. Et comment réaliser cela autrement que dans les Congrès?

Cette action sociale catholique est nouvelle dans sa forme. Le Saint Père en a tracé les principes dans ses Encycliques. Les évêques l'ont partout encouragée.

Les applications en sont multiples et variées. Combien les Congrès facilitent les études qui préparent l'action! Dans ces réunions, des hommes de mérite apportent le fruit de leurs longs travaux sur des questions spéciales, et toute une assemblée en profite. On apprend là quelles sont les sources où il faut puiser et les ouvrages qu'il faut étudier.

Est-il donc si facile de saisir tous les sophismes de Karl Marx et de Jules Guesde, et de trouver une solution suffisante aux problèmes si complexes du crédit, de l'usure moderne, du salaire, etc.? Il n'y a pas cependant à se faire d'illusion : toutes ces questions sont tombées dans le domaine populaire. La presse socialiste répand à profusion les erreurs les plus subtiles et les doctrines les plus funestes. Est-ce trop de nos Congrès pour nous former à la réplique et nous armer pour le combat!

Il faut s'entendre pour une action aussi vaste et une

lutte aussi difficile; et comment le faire, si ce n'est dans les Congrès? Où aboutirait-on par un travail isolé et des combats individuels? Réforme-t-on une société sans un plan d'ensemble, sans une entente pour l'action? Comment déterminer seul ce qui sera demandé à l'initiative privée, aux corporations, à l'action de l'État? Quelle ampleur de vues pourrait avoir un homme qui ne serait pas sorti de chez lui, qui n'aurait eu aucun contact avec des hommes d'autres provinces et même d'autres nations? Qui ne sent le besoin, avant d'agir, d'entrer en relations avec l'élite des hommes d'études et des hommes d'œuvres auprès desquels il trouvera lumière et encouragement?

Il faut encore s'organiser. Il s'agit d'une société à renouveler, d'une vaste action sociale à engager. Sans organisation, comment lutter sur le terrain électoral et sur le terrain économique? Comment pourvoir à des intérêts provinciaux ou nationaux? Comment agir par la presse ou par les assemblées politiques? Comment créer ces réseaux d'œuvres qui doivent embrasser tous les âges, toutes les conditions sociales, tous les intérêts religieux, moraux ou économiques, toutes les provinces, toute la nation? Négliger cette organisation ou la retarder, n'est-ce pas faire le jeu des ennemis de la foi et de la patrie?

L'initiative ardente des travailleurs, qui est propre aux sociétés démocratiques, comment sera-t-elle détournée du socialisme, orientée vers le Christ et dirigée vers le véritable progrès social, sans les Congrès ouvriers et les Congrès démocratiques chrétiens? S'imagine-t-on qu'il suffit de nier ce courant démocratique pour l'arrêter? L'organisateur de la Mission évangélique allemande, Wichern, avait raison quand il pressentait deux périodes de la vie sociale contemporaine : « L'âge de la condescendance, durant lequel les classes supérieures tendraient aux nécessiteux une main propice, et l'âge de l'initiative, durant lequel les nécessiteux eux-mêmes, unissant leurs mains et leurs âmes, librement associés sur le terrain chrétien, pourvoieraient à leur propre relèvement. »

Nous sommes à cet âge. Il ne suffit pas de nier les évolutions, il faut les diriger; et le moyen ici, c'est que l'Église aille au peuple, qu'elle favorise les études sociales chrétiennes et les Congrès d'ouvriers.

Oui, certes, Léon XIII avait bien raison de nous dire « que l'activité des catholiques pour la tenue de Congrès nationaux, provinciaux ou locaux a été profondément sage; qu'en face des hommes pervers, si puissants déjà par leur audace et par leur nombre, qui se réunissent çà et là et conspirent pour nous ravir le don de la foi et ses fruits, il est tout à fait *juste et nécessaire* que les catholiques associent leurs efforts pour résister et que la fréquence des Congrès donnera seule aux catholiques la liberté, le courage et la force nécessaire pour maintenir la profession de leur religion et repousser les assauts de l'ennemi. »

Il n'y a donc pas lieu de s'étonner que nos adversaires haïssent et redoutent nos Congrès, comme ils l'ont cent fois laissé voir. Mais que des catholiques hésitent à les louer, à les encourager, à les soutenir, c'est au moins étrange et peu conforme aux intentions du Souverain Pontife.

III — LE STIMULANT DE L'EXEMPLE

L'utilité des Congrès n'a-t-elle pas été reconnue pour tous les progrès à promouvoir, pour toutes les idées à répandre? N'y aurait-il que la religion qui ne pourrait pas profiter de ce moyen de diffusion et d'apostolat?

On tient des Congrès pour étudier la géographie, la médecine, l'archéologie, l'électricité; pour organiser le crédit populaire, les mutualités, la coopération, le régime pénitentiaire. Et les catholiques n'en tiendraient pas pour étudier les applications de la doctrine évangélique aux conditions nouvelles de la société et pour organiser les œuvres!

Bien plus, les ennemis de la foi catholique tiennent congrès sur congrès. Il y a des congrès de la libre-pensée, des congrès protestants et d'innombrables congrès socialistes. Et les enfants de Dieu n'auraient pas le droit d'user de ce moyen d'action! Ceux qui le prétendent veulent-ils montrer une fois de plus que « les fils de la lumière sont moins prudents que les enfants du siècle? »

Ce n'est pas l'avis de Léon XIII, qui nous a dit, comme je le rappelais plus haut, combien la tenue fréquente des Congrès catholiques est juste et nécessaire.

Ce n'est pas davantage l'avis de nos évêques, qui, d'accord avec le Souverain Pontife, ont provoqué et encouragé tant de Congrès, dans toutes les nations catholiques.

Ignore-t-on quelle puissance la propagande protestante a tiré de la bonne organisation de ses congrès?

En Allemagne, par exemple, ce qu'on appelle la Mission intérieure protestante puise toute sa force, et une force qui devient inquiétante, dans la tenue de ses congrès. Elle a ses réunions générales qui se tiennent, tantôt dans sa fameuse Maison grise, à Hambourg, tantôt dans quelque autre ville de l'Empire. Elle tient *trente-cinq congrès provinciaux* par an, et, par ce moyen, elle a pu organiser 3000 œuvres dominicales, 5000 Sociétés de jeunes gens qui réunissent 450 000 associés, 250 Sociétés ouvrières et d'autres œuvres encore; en tout 35 000 associations comprenant 1 800 000 membres.

Ces jours-ci même, le 11 janvier, à Elberfeld, le prédicateur de la Cour, le pasteur Stœcker, exposait devant une réunion nombreuse les conditions actuelles de l'action sociale en Allemagne. Rien n'est plus instructif que ce discours. Il reproche au pouvoir de favoriser l'action sociale catholique. Nos réactionnaires pourraient chercher des leçons à Berlin.

L'éloquent pasteur se plaint ensuite de ce que le Gouvernement n'a plus confiance dans les chrétiens-sociaux (protestants évangéliques), et de ce qu'il favorise plutôt les nationaux-sociaux, qui veulent poursuivre la réforme sociale sans le concours des pasteurs. Le pasteur Stœcker et le congrès d'Elberfeld ne se découragent pas pour cela. Le christianisme est essentiellement social, proclame le docte pasteur, aux applaudissements de tout l'auditoire.

On ne peut pas être chrétien, dit-il, sans être social : *Man kann nicht christlich sein, wenn man nicht social ist.*

Nos catholiques réactionnaires français auraient-ils moins bien compris l'Évangile que le pasteur Stœcker?

L'Évangile et ses applications sociales, dit-il, peuvent seuls sauver l'Empire. Nous sommes absolument de cet avis, non seulement pour l'Empire, mais pour toutes les nations qui sont aux prises avec le socialisme.

L'orateur reconnaît ensuite que le clergé protestant est moins puissant que le sacerdoce catholique, parce qu'il est divisé et qu'il sait moins aller au peuple. Oui, cela est vrai pour l'Allemagne, où le clergé catholique va au peuple par une action sociale incessante. Mais n'y a-t-il pas là une grande leçon pour le clergé français? (Voir le *Kœlnische Volkszeitung* du 12 janvier.)

En France, nous avons quelque chose d'analogue à l'Œuvre évangélique allemande, c'est la Ligue de l'enseignement, qui groupe des protestants et des libre-penseurs et qui est avant tout anticatholique. Elle tient ses congrès, elle organise son action. Elle a pour elle la bienveillance de l'État et le concours du personnel de l'Instruction publique. Elle donnait il y a quelques années 10 000 conférences populaires par an. Elle est arrivée cette année à 61 000. Elle a réuni trois millions d'auditeurs.

Est-ce le moment pour les catholiques de se reposer dans une sécurité béate et de laisser les choses aller leur train? Une pareille lâcheté n'équivaudrait-elle pas à la complicité avec l'ennemi?

Les catholiques étrangers restent-ils dans l'inaction? Nous avons vu le Saint-Père louer les Congrès autrichiens et en recommander la fréquence dans sa lettre aux évêques d'Autriche du 3 mars 1891. Nous l'avons vu également féliciter les Portugais de leur beau Congrès de Braga et les engager à en tenir d'autres par sa lettre du 25 avril de la même année.

L'Autriche, répondant aux désirs du Pape, a ses Congrès fréquents, et la presse nous a tenus au courant des brillantes réunions de son Congrès général de Salzbourg.

L'Allemagne du Nord a ses Congrès nombreux : Congrès d'études, Congrès d'œuvres spéciales, Congrès régionaux ; puis, elle a chaque année son grand Congrès national. On sait que celui de cette année à Dortmund a eu jusqu'à 3 000 membres titulaires et 11 000 assistants, sous la présidence d'honneur de plusieurs évêques.

L'action sociale des catholiques est telle d'ailleurs en Allemagne qu'elle force l'admiration et provoque l'envie des adversaires. Après le Congrès de Dortmund, un professeur protestant de Breslau, M. Eltester, écrivait : « L'attitude que le catholicisme allemand a prise vis-à-vis de la question ouvrière est décidément imposante; elle est telle, que, à mon avis, *l'avenir lui est assuré.* Le parti du Centre, grâce à l'action du clergé, gagne les voix de la basse classe de la population. Les prêtres ont étudié les questions sociales et économiques, et, parce qu'ils connaissent bien les désirs et les nécessités de l'ouvrier, ils en sont les amis intimes. »

M. Eltester ajoutait : « Le puissant mouvement social de notre temps n'est pas une fièvre qui passera, mais il indique un progrès dans le développement de la vie des peuples. C'est la tâche de l'Église de diriger ce mouvement (1). » Quand le comprendrons-nous suffisamment en France? Alors l'avenir nous sera assuré, à nous aussi.

La Belgique est trop près de nous pour que tous nos catholiques n'aient pas entendu parler de ses beaux et fréquents Congrès. Ce n'est pas dans cette vaillante Belgique que les catholiques sommeillent.

En Italie, sous les yeux du Pape, les Congrès sont devenus très nombreux. Un Congrès national s'est tenu à Rome même en 1894. Et cette année, quel retentissement n'ont pas eu le Congrès d'études sociales de Padoue, le grand Congrès national de Fiesole, le Congrès eucharistique d'Orvieto? Nos journaux et nos revues en ont rendu compte.

Bien plus, le Saint-Père a voulu qu'en Italie, à partir de cette année, les Congrès d'œuvres eussent une organisation régulière et hiérarchique. Il a demandé qu'on instituât un Comité central et permanent des Congrès, avec des Comités provinciaux et diocésains; et il faut voir comme tous ces Comités, sous l'impulsion du Saint-Père, se constituent, s'organisent et travaillent!

Le Saint-Père a toujours gardé pour la région de Rome, pour ses États, une paternité toute spéciale. Aussi a-t-il voulu que les Comités y fussent bientôt organisés. Il est touchant d'entendre comment Mgr Radini-Tedeschi, un des prélats les plus distingués de Rome, raconte la mission qu'il a reçue à cet effet.

« C'était, dit-il, le 13 du mois d'août dernier, quand le Saint-Père daigna m'appeler tout à coup auprès de lui.

---

(1) Cité par *le Bien public* de Gand.

2

Après que j'eus baisé ses pieds sacrés avec toute l'ardeur d'une ancienne et impérissable affection, il m'introduisit dans son cabinet particulier et me parla longtemps de l'action catholique; son regard lançait des éclairs, sa parole était chaude et facile, son geste était solennel et suavement paternel; sa pensée avait la lucidité de la jeunesse, de cette jeunesse que nous voudrions voir éternelle. J'étais là littéralement captivé par ce vieillard qui est sur la terre la révélation vivante de Jésus-Christ et qui, par sa parole, conduit le monde à Jésus-Christ. Tout à coup, prenant une expression plus solennelle d'autorité et d'amour, me regardant fixement et laissant errer sur ses lèvres un sourire que je n'oublierai jamais : « Allez, me dit-il, travaillez dans le » champ des Comités, recevez de Notre part cette mission » spéciale à Rome et consacrez-y sans crainte tous vos efforts » et toute votre ardeur. » La joie au cœur, avec une entière soumission, j'ai répondu au Vicaire de Jésus-Christ : « Très » Saint-Père, de toute mon âme! »

Et, depuis lors, Mgr Radini-Tedeschi va de ville en ville avec un zèle infatigable, dans les diocèses qui avoisinent Rome. Il convoque, avec l'assentiment des évêques, et souvent, sous leur présidence, les ecclésiastiques et les laïques dévoués de la région, et il organise ces Comités qui devront fonder les œuvres locales et prêter leur concours aux Congrès régionaux et au Congrès national.

Rome elle-même a tous ses Comités paroissiaux organisés par l'Œuvre des Congrès.

Cette organisation régulière a soulevé en Italie une question analogue à celle qui préoccupe certains esprits en France. A côté de ces Congrès hiérarchiques, y avait-il encore place pour des Congrès spéciaux, pour des Congrès dus à des initiatives particulières? Quelques personnes auraient vu volontiers disparaître les Congrès d'études sociales. Ils troublent tout particulièrement les amateurs du *statu quo*, ces amis d'une paix apparente qui n'est que de l'inertie et tous les tenants d'une certaine doctrine de réaction.

Mais le Saint-Siège a bien vite rassuré les amis des études sociales, et le cardinal Rampolla a écrit à Mgr l'évêque de Padoue cette belle lettre :

« ILLUSTRISSIME ET RÉVÉRENDISSIME SEIGNEUR,

» Le Saint-Père a reçu la lettre dans laquelle Votre Grandeur exposait respectueusement l'anxiété que lui a causée la nouvelle donnée par un journal, relativement à l'existence de l'*Union catholique pour les études sociales*, dont vous êtes le président honoraire si digne d'éloges. Sa Sainteté, qui a vu avec plaisir votre recours confiant, veut que j'assure Votre Grandeur de sa pleine confiance et que je l'encourage, en son auguste nom, à être entièrement tranquille, parce que les appréhensions sus-indiquées n'ont absolument aucun fondement. Sa Sainteté veut même que vous continuiez l'œuvre entreprise, avec votre zèle et votre habileté ordinaires, cette œuvre qui a été jusqu'à présent si avantageuse à la religion et à la science, et dont l'existence, par les temps qui courent, n'est pas seulement utile, mais même *nécessaire à beaucoup d'égards*. »

Il est plus que probable que toutes les nations catholiques vont imiter l'organisation inspirée par le Pape en Italie, et ce sera le plus puissant moyen de relèvement.

IV. — LES FRUITS DE NOS CONGRÈS

Quelques personnes se sont demandé si nos Congrès portaient des fruits réels, si ce n'étaient pas seulement des joûtes oratoires, des paroles et du temps perdu, *Verba et voces, cimbalum tinniens.*

Je répondrai d'abord que s'ils n'avaient pas donné de fruits jusqu'à présent, il n'y aurait pas là un motif de les supprimer, puisque nous avons reconnu leur utilité, leur nécessité même pour le temps présent. Il y aurait seulement un motif de les mieux organiser pour qu'ils aient des résultats plus pratiques et plus féconds à l'avenir.

Mais est-il vrai que les Congrès aient été infructueux jusqu'ici?

Ont-ils été infructueux, les Congrès dans lesquels les catholiques belges ont puisé une vaillance nouvelle pour remporter la victoire sur le terrain politique, économique et scolaire?

Ont-ils été infructueux, les Congrès dans lesquels les catholiques et les antisémites autrichiens, s'animant à la lutte, ont préparé leur victoire définitive sur le terrain communal et des succès encourageants dans les élections politiques?

Ont-ils été infructueux, ces splendides Congrès de l'Allemagne du Nord, qui ont amené le développement de cette vaillante armée du Centre, aujourd'hui victorieuse du Kulturkampf?

Mais il y a nos Congrès français.

Ont-ils donné tout le fruit qu'on pouvait en attendre? Non; mais est-ce bien la faute des congressistes? N'est-ce pas plutôt le résultat des obstacles qu'ils rencontrent en rentrant chez eux et en se heurtant à toutes les inerties et à toutes les réactions?

Ont-ils d'ailleurs été aussi infructueux qu'on le dit?

N'est-ce rien que les milliers d'œuvres, patronages, cercles, conférences de Saint-Vincent de Paul, secrétariats du peuple, mutualités, bibliothèques populaires, caisses de crédit et associations de tout genre, suscitées depuis vingt-cinq ans par les beaux Congrès de l'Union nationale?

N'est-ce rien que les comités, associations de patrons, réunions de jeunes gens, cercles d'ouvriers, associations professionnelles, syndicats agricoles, cercles d'études, patronages de jeunes ouvriers, coopératives, caisses rurales, œuvres de soldats et de marins, syndicats de l'aiguille, etc., groupés sous la bannière des cercles au nombre de plus de cinq cents, et provoqués le plus souvent par les Congrès de l'Œuvre des Cercles catholiques d'ouvriers ?

N'est-ce rien que les publications, revues, tracts et journaux populaires suscités par les Congrès ? et la diffusion immense de *La Croix*, due également à ses Congrès ?

N'est-ce rien que toutes les institutions en faveur des ouvriers, organisées dans les usines, à l'exemple des œuvres du Val-des-Bois, que les Congrès ont fait connaître ?

Et cette vie nouvelle, infusée au Tiers-Ordre franciscain, par les beaux Congrès de Paray, de Limoges et de Reims ?

N'est-ce rien non plus que l'entente et l'union procurées par nos Congrès? Combien de divergences d'opinions nos Congrès ont éteintes? Combien de petites églises ils ont réconciliées? N'avons-nous pas vu à Reims les délégués de l'Association des patrons du Nord et ceux des Unions démocratiques ouvrières s'entendre sur un programme commun d'action sociale? Au Congrès de Lyon, n'avons-nous pas aussi acclamé avec bonheur l'union de toutes les bonnes volontés dans les mêmes revendications qui se trouvent exprimées sous des termes à peine différents dans le programme de Reims et dans celui de l'Œuvre des Cercles? Cette union réalisée par les Congrès ne répond-elle pas au vœu le plus cher de Léon XIII?

Vous qui blâmez les Congrès, y avez vous assisté? Non, sans doute, car vous auriez compris, comme tous ceux qui y prennent part, que ce sont autant de retraites de zèle; qu'on y apprend les méthodes pour faire le bien et qu'on en revient généralement passionné pour le bien à faire. Trouverait-on un congressiste sur mille qui n'en soit sorti meilleur, plus ardent, plus croyant, plus semblable à Notre-Seigneur par un accroissement de charité? N'est-ce rien que tout cela ?

N'y a-t-il pas dans tous ces Congrès, même dans ceux qui sont à demi politiques, comme à Lyon, la messe quotidienne, généralement avec instruction, un pèlerinage final, des communions nombreuses?

Et nos Congrès d'études, n'ont-ils pas fait connaître les enseignements du Pape? n'ont-ils pas apporté quelque lumière au difficile problème social, et montré comment on lui donnera une solution par les œuvres, par les revendications légales, par le retour aux vrais principes chrétiens défigurés par l'action séculaire des légistes, de la Réforme, de la Renaissance, du Césarisme et de la Révolution?

Pour moi, j'atteste avoir suivi beaucoup de Congrès depuis vingt-cinq ans. Je les ai toujours regardés comme des retraites de zèle. A mon humble jugement, toucher à ces Congrès, ce serait trahir la cause sacrée de l'Église.

V. — DE LA COMPOSITION DES CONGRÈS

La plupart réunissent des laïques et des prêtres. L'apostolat laïque s'est surtout développé dans ce siècle. On en pourrait donner beaucoup de bonnes raisons. Il y a moins de clercs qu'autrefois. Il n'y a plus de clercs qui restent dans les degrés inférieurs de la cléricature. La Providence qui pourvoit à tout nous donne le concours des apôtres laïques. Il y a souvent aussi plus de facilité pour les laïques dans le temps présent à secourir certaines misères que le prêtre ne peut guère aborder.

L'apostolat laïque n'est d'ailleurs que l'épanouissement de la charité chrétienne, et il est souvent un devoir.

Le Saint-Père aime cette action commune du laïque et du prêtre. C'est sur cette base que sont organisés les Comités d'Italie. Le président général, M. Paganuzzi, est un laïque; les présidents régionaux sont généralement des laïques : ils sont assistés par un conseiller ecclésiastique.

C'est cette union des laïques et des prêtres qui aurait dû étonner, c'est le contraire qui a eu lieu. On s'est étonné, l'été dernier, de voir un Congrès de prêtres. Est-ce que les prêtres auraient un besoin absolu des laïques pour les guider dans l'étude des œuvres ou dans leur organisation? Non, sans doute.

Est-ce que ce Congrès de prêtres était une nouveauté? Pas davantage.

Nos grands Congrès de l'Union à Nantes en 1873, à Lyon en 1874, à Reims en 1875, à Bordeaux en 1876, comptaient chacun de 600 à 800 prêtres. On y tenait des réunions spéciales de prêtres sous la douce, aimable et inoubliable direction de Mgr de Ségur. Il y a tous les ans dans les Congrès des Cercles, dans ceux de l'Union, dans ceux du Tiers-Ordre, dans les Congrès eucharistiques, des réunions spéciales de prêtres, et par conséquent des Congrès de prêtres.

L'Alliance des maisons d'éducation chrétienne tient, chaque année, un Congrès de prêtres. Elle en avait un cette année à Versailles, pendant que le Congrès des prêtres se tenait à Reims, et personne n'a songé à lui chercher querelle.

En 1895, nous avions tenu à Saint-Quentin un Congrès d'études sociales de prêtres, avec l'assentiment de Monseigneur l'évêque de Soissons. Ce Congrès avait reçu, dès son ouverture, la bénédiction du Saint-Père. Après le Congrès, une adresse fut envoyée au Saint-Père, et nous reçûmes de S. Ém. le cardinal Rampolla la réponse suivante :

« L'adresse envoyée au Saint-Père par les 200 ecclésiastiques réunis naguère à Saint-Quentin a été remise exactement aux mains vénérées de Sa Sainteté.

» Le Saint Père y a remarqué, avec une particulière satisfaction, le but de cette assemblée, qui a été de se concerter afin de coopérer le plus efficacement possible à tout ce qui forme l'objet des enseignements de Sa Sainteté, touchant les moyens de remédier aux maux très graves qui affligent la société.

» L'auguste Pontife a vivement loué le zèle de ces ecclésiastiques dirigés vers une si noble intention, et en même temps les sentiments de parfait attachement au Saint-Siège exprimés dans cette adresse.

» Outre que c'est pour moi un vif plaisir de porter cela à votre connaissance et de vous assurer que Sa Sainteté a accordé avec une vive affection la bénédiction apostolique demandée, je suis heureux de me redire, etc.,

» M. Card. Rampolla. »

Où pourrait-on trouver une approbation du Saint-Siège plus paternelle et plus complète ?

Nous avons donc eu aussi cette année un Congrès de prêtres à Reims. M. Lemire avait mis tout son cœur, tout son zèle et toute sa piété à le préparer. Cependant, il a soulevé un certain émoi.

Rappelons-nous que d'autres Congrès catholiques aussi, les Congrès scientifiques provoqués par Mgr d'Hulst, avaient, au premier moment, provoqué quelque étonnement.

Tout s'est calmé quand Mgr d'Hulst eut expliqué que les

Congrès scientifiques ne seraient que des Congrès d'études, qu'on n'y usurperait pas les droits de l'Église, et qu'on n'y trancherait aucune question doctrinale.

Tout s'est calmé aussi pour le Congrès de Reims, quand M. Lemire eut expliqué que le Congrès étudierait les œuvres et ne trancherait pas les questions de doctrine, et qu'il était encouragé par les Éminentissimes cardinaux de Reims et de Paris. S. Ém. le cardinal Langénieux voulut bien même nous donner pour président son vicaire général, Mgr Péchenard.

Il résulte de tout cela que les Congrès de prêtres ne sont pas une anomalie, et nous avons constaté à Reims qu'ils sont des foyers de ferveur et de zèle.

On a bien objecté que c'étaient des Synodes sans les formes canoniques. L'objection ne me paraît pas supporter l'examen. Ces réunions seraient-elles donc plus canoniques, parce qu'on y mêlerait les laïques? Évidemment non; et cependant personne n'y trouverait à redire.

Une des raisons d'être de tous nos Congrès au XIXe siècle, c'est précisément parce qu'on n'y peut pas tenir facilement des Conciles et des Synodes. Notre siècle est manifestement un siècle de transformation sociale et d'organisation nouvelle. Tel fut le VIe siècle, pendant lequel nos évêques organisèrent la France chrétienne. Tels furent les XIe et XIIe siècles, pendant lesquels ils tracèrent les lois de la vie communale et corporative chrétienne. Ces siècles sont ceux qui ont compté le plus de Synodes et de Conciles. Le nôtre doit se contenter des Congrès, puisqu'il n'a pas d'autres moyens d'action à sa disposition.

Les Congrès diffèrent, il est vrai, essentiellement des Synodes et des Conciles. Ils n'en ont pas l'autorité; mais ils contribuent, à leur manière, à faire la lumière sur les questions contemporaines, à réchauffer le zèle et à exciter les bonnes volontés.

VI. — DE LA PRÉSIDENCE ET DE LA DIRECTION DES CONGRÈS

Il est absolument évident que nos Congrès doivent être remplis d'égards, de respect, de courtoisie pour Nosseigneurs les évêques. Ils l'ont toujours été.

Ce n'est pas assez. Tout Congrès vraiment catholique doit se tenir dans une subordination réelle à l'autorité, soit dans l'action elle-même, soit dans la disposition d'une volonté qui ne fera rien de contraire aux prescriptions des évêques et sera toujours prompte à recevoir une direction.

Les organisateurs des Congrès catholiques demandent l'assentiment des évêques, et ils sont toujours prêts à modifier et à corriger ce qui, dans les résolutions et les vœux, leur serait signalé comme n'étant pas entièrement conforme à la doctrine de l'Église.

Le plus souvent, les évêques aiment à prendre quelque part personnelle aux Congrès. Ils rencontrent là les prêtres et les laïques les plus ardents et les plus dévoués. Ils les voient là tout brûlants, j'oserai dire tout enivrés d'enthousiasme et de zèle, comme les apôtres au sortir du Cénacle. Aussi nulle part nos évêques ne sont plus affectueusement accueillis, plus chaleureusement applaudis.

Quant au Souverain Pontife, je l'ai entendu acclamer, dans tous nos Congrès. Les grandes vues de Léon XIII, ses enseignements si lumineux, ses conceptions sociales si profondes et si justes captivent les cœurs aujourd'hui comme autrefois l'extrême bonté de Pie IX.

La présidence effective des Congrès est exercée d'ordinaire par des hommes qui ont une compétence spéciale ou qui sont les chefs des grandes organisations catholiques. En Italie, les présidents des Congrès sont des laïques éminents. En Allemagne, c'est un laïque élu chaque année par le Comité. En Autriche, c'est M. de Lœwenstein ou

M. Lueger. En France, M. de Mun dirige les Congrès de l'Œuvre des cercles; le R. P. Regnault, ceux de l'alliance des maisons d'éducation; un des Généraux de l'Ordre Franciscain ou son délégué, ceux du Tiers-Ordre, etc.

Nosseigneurs les évêques daignent accepter souvent la présidence d'honneur. Rarement ils prennent la présidence effective. Leurs grandes occupations leur permettraient-elles d'étudier dans le détail toutes ces matières diverses qui forment le programme des Congrès? Le temps ne leur manquerait-il pas? A Paris, par exemple, il s'en tient fort souvent, et quelquefois deux en même temps.

Beaucoup de ces Congrès, d'ailleurs, se rapportent de près ou de loin à l'action politique, et notre Gouvernement est si ombrageux! Ne vaut-il pas mieux que les évêques fassent pour eux, dans ce cas-là, ce qu'ils font pour la presse catholique? qu'ils regardent faire d'un œil paternel, et qu'ils avertissent ensuite si l'on s'égare, comme ils font pour nos journaux?

Dans tout ce paragraphe, d'ailleurs, nous disons ce que nous avons vu faire et non ce qu'il faut faire, n'ayant pas autorité pour tracer des règles, mais étant tout disposé à en recevoir.

CONCLUSION

Je voudrais redire ici tout le discours prononcé par Mgr Radini-Tedeschi au Congrès de Fiesole. Cet éminent prélat a, sur cette question, une autorité toute spéciale, parce qu'il a été choisi directement par le Saint-Père pour l'organisation de l'Œuvre des Comités et des Congrès dans la région de Rome.

Il insiste tout particulièrement sur le devoir social des prêtres.

« Parmi les aberrations de notre époque, parmi les erreurs que le libéralisme moderne sème à pleines mains, une des plus funestes, c'est l'idée fausse et trop répandue qu'on a du prêtre.

» Le bien particulier et intérieur des âmes, tel est le domaine restreint qu'on abandonne à son action..... Quant au terrain social, il ne faut pas qu'il songe à y pénétrer, on ne le souffrirait pas, toute intervention de sa part serait jugée dangereuse à la religion elle-même. Et s'il l'essayait, il n'y aurait pas assez de pierres et de bâtons pour l'écarter. »

C'est là l'histoire de la France aussi bien que celle de l'Italie.

« Rien d'étonnant, ajoute Mᵍʳ Radini-Tedeschi, à ce que les libéraux, les maçons, les juifs, les ennemis de Dieu, de l'Église et de la patrie parlent, pensent et agissent de la sorte. Ils ont peur du prêtre, ils savent la puissance qu'il exerce dans la société; ils ne veulent pas de trouble-fête qui les empêche de tromper le peuple, de piller les caisses de l'État ou du particulier, de faire main-basse chez tous et sur tout..... Voilà pourquoi ils veulent tenir le prêtre à l'écart de l'action sociale.

» Ce qui étonne et fait de la peine, c'est qu'il y ait dans nos rangs des hommes qui applaudissent, qui disent oui à la façon des automates et qui ne voient ni le truc ni le masque.

» Il faut absolument que le prêtre prenne part à la vie sociale. C'est pour lui le devoir suprême. S'il se récuse, je prétends que non seulement comme citoyen, mais comme prêtre, il est coupable de trahison, il est infidèle à son mandat, il lèse d'un seul coup la patrie, l'Église, Jésus-Christ.

» Sa mission est la même que celle du Christ; elle ne peut être limitée aux particuliers et aux familles; elle

embrasse toutes les formes de la vie humaine..... Il doit,
au prix de tous les efforts et de tous les sacrifices, interve-
nir dans la vie sociale, de façon à en être en quelque sorte
l'âme et la forme en lui apportant Jésus-Christ et en le fai-
sant reconnaître comme roi dans le monde entier.....

» Quoi donc! il n'y aurait pour la société ni vérité, ni
morale, ni justice, ni décalogue, ni politique chrétienne?
Et si tout cela doit exister sous peine de voir la société
périr, comment en exclure le prêtre qui a la garde de ces
trésors!

» Le prêtre, qui, trop facilement peut-être, s'est laissé ter-
roriser et chasser de la vie sociale, doit absolument reprendre
son poste. « Les prêtres, a dit Léon XIII, dans les conditions
» actuelles de l'Eglise, doivent prendre sur eux la charge de
» diriger les foules et les esprits des fidèles en vertu de leur
» autorité, ouvertement et par l'exemple. » Le prêtre qui juge-
rait inopportun, inutile, non obligatoire, ce que le Pape dit
être opportun, obligatoire et nécessaire, ne pourrait, sans
péché et sans scandale, ainsi que le Pape l'a affirmé, con-
tinuer à célébrer la messe.

» Sans doute, il y a parmi les laïques une phalange de
braves qui se sont levés courageusement pour l'action.....
Mais outre que le prêtre devrait sentir la rougeur lui
monter au front, s'il n'était pas avec ces braves, il faut
remarquer que ces laïques sans le prêtre peuvent s'éga-
rer..... Ces laïques demandent, supplient et attendent que
le prêtre les guide, les dirige, les encourage, les unisse, les
enflamme.....

» Les prêtres sont le sel de la terre; qu'ils touchent donc
de près la société qu'ils doivent préserver, et qu'ils pré-
servent réellement la vie sociale de la corruption. Ils sont
apôtres; qu'ils sortent donc du Cénacle, et, par l'efficacité
de la doctrine, par la force de la grâce céleste, avec le con-

cours du zèle, qu'ils accomplissent le prodige que le monde attend : une nouvelle rédemption sociale !

» Mais quelle sera la part d'action du prêtre? Son action doit s'étendre à tout ce qui est mouvement catholique, à la science et aux études sociales, aux différentes formes d'associations catholiques, et principalement à l'*Œuvre des Congrès* et des Comités, à la presse quotidienne ou périodique, au bien des jeunes gens, des jeunes filles, des mères, des ouvriers, des agriculteurs, des artisans, du peuple, au point de vue religieux, moral, économique, temporel et spirituel, suivant le besoin et l'opportunité..... »

Et comment le prêtre se formera-t-il à cette action sociale et à ces œuvres? comment recrutera-t-il des auxiliaires laïques sans les Congrès? Comment les associations pourront-elles se fédérer pour multiplier leur action sociale sans les Congrès?

Ah! messieurs qui ne voulez pas de Congrès catholiques, vous chargez-vous d'arrêter aussi l'élan des Congrès socialistes et libres-penseurs, ou voulez-vous leur réserver le privilège de l'action et de l'organisation?

En parlant au peuple de ses intérêts, de ses souffrances et des réformes désirables, nous lui donnons, dites-vous, des désirs qu'il n'avait pas, et nous faisons le jeu des socialistes. Mais avez-vous donc jusqu'ici vécu à la Chartreuse, et ne savez-vous pas que les socialistes et les radicaux, par cent voix diverses, par des conférences, des journaux, des congrès, témoignent à ce peuple un intérêt vrai ou fictif et l'entretiennent de ses souffrances? Voulez-vous les laisser seuls agir et gagner les masses? Ah! il est trop tard pour laisser les populations dans une douce ignorance. Si nous ne leur disons pas toute la vérité sociale et économique, d'autres les gagneront à l'erreur.

Faudra-t-il toujours redire la plainte de Léon XIII dans

son Encyclique aux évèques d'Italie : « Les ennemis de la
» religion ont plus d'élan pour l'attaquer que ses amis pour
» la défendre. Mais il n'y a pas de milieu dans le combat,
» entre périr ou lutter à outrance. »

Si périr est votre idéal dans la mêlée sociale, laissez-nous
au moins lutter, nous qui voulons sauver la société pour
la rendre au Christ, son roi, aujourd'hui douloureusement
décoûronné.

Rome, 1ᵉʳ mars 1892.

91-97. — Imprimerie E. Petithenry, 8, rue François Iᵉʳ, Paris.

122